MIA ÖHRN

SCHOKOKUCHEN

...süß und klebrig muss er sein!

HEEL

HEEL Verlag GmbH
Gut Pottscheidt
53639 Königswinter
Tel.: 02223 9230-0
Fax: 02223 9230-13
E-Mail: info@heel-verlag.de
www.heel-verlag.de

Originaltitel: *Bästa Kladdkakorna*
Original-ISBN 978-91-87785-30-6

Die Rezepte sind den Titeln Kladdkakor (2003) und Fler kladdkakor (2010) des Ica Bokförlag entnommen.

Autorin: Mia Öhrn
Grafische Gestaltung: Camilia Arvidsson
Coverfoto: Stellan Herner
Coverrückseite: Stellan Herner, Fredrik Reuterhäll
Fotos von Stellan Herner, Seiten 4, 5, 9, 11, 14, 16, 18, 21, 23, 25, 30, 33, 36, 38, 44, 47, 48, 52, 57, 59
Fotos von Fredrik Reuterhäll: Seiten 6, 13, 26, 29, 34, 41, 43, 51, 54, 61, 62

Deutsche Ausgabe:
Übersetzung: Björn Helpap, Bonn
Lektorat: Ulrike Reihn-Hamburger

Printed in Czech Republic

ISBN 978-3-95843-187-4

INHALT

EINE KLEBRIGE KUNST

Einen Kuchen so richtig klebrig hinzubekommen, ist eine Kunst für sich und hängt vor allem von der verwendeten Backform und dem Backofen ab. Die meisten Rezepte dieses Buches beziehen sich auf eine Springform mit 22 cm Durchmesser. Wenn die Backform größer ist, wird der Kuchen flacher und ist schneller durchgebacken.

● Wie saftig ein Kuchen sein soll, ist Geschmackssache, der eine mag ihn fast flüssig, der andere eher fester. Ich selbst backe ihn gern klebrig aus und lasse ihn dann über Nacht im Kühlschrank stehen. Am nächsten Tag ist er dann herrlich saftig, die Konsistenz aber trotzdem so fest, dass er geschnitten werden kann.

● Lernen Sie Ihren Backofen kennen und passen Sie die Backzeiten entsprechend an. Um zu überprüfen, ob der Kuchen fertig ist, befühle ich mit den Fingern die Kuchenoberfläche im geöffneten Backofen. Wenn er sich noch sehr weich oder wackelig anfühlt, braucht er noch mehr Zeit. Fühlt man aber einen gewissen Widerstand und sieht, dass die Kanten des Kuchens durchgebacken sind und die Oberfläche eine Kruste entwickelt, ist es Zeit, ihn aus dem Ofen zu nehmen. Wenn Sie einen Umluftbackofen haben, können Sie für die Schokoladenkuchen die Umluftfunktion abschalten. Die Warmluft sorgt grundsätzlich dafür, dass das Backgut hoch aufgeht und fluffig wird, ein Schokokuchen sollte aber kompakt und klebrig sein.

● Für Schokokuchen verwendet man entweder Kakao oder geschmolzene Schokolade. Wenn Sie mit Schokolade backen wollen, nehmen Sie einfach Ihre Lieblingsschokolade – Sorten gibt es im Handel mehr als genug. Ich selbst verwende am liebsten Schokolade mit einem ca. 58 %-igen Kakaoanteil. Bei den Rezepten, in denen dunklere Schokolade angegeben ist, kann der Kakaoanteil bis zu 70 % betragen. Der Kakaoanteil in Blockschokolade ist für Schokoladenkuchen zu niedrig, sie eignet sich also nicht.

● Schokolade lässt sich entweder in der Mikrowelle oder im Wasserbad schmelzen. Die zerkleinerte Schokolade wird bei voller Leistung etwa 20-30 Sekunden in der Mikrowelle erwärmt und dann einmal durchgerührt. Anschließend wird sie unter regelmäßigem Rühren so lange erhitzt, bis sie flüssig ist. Für das Schmelzen im Wasserbad wird in einen Topf, dessen Boden wasserbedeckt ist, eine im Umfang etwas größere Schüssel gesetzt, deren Boden nicht mit dem Wasser im Topf in Berührung kommen darf. Die zerkleinerte Schokolade in die Schüssel geben, das Wasser im Topf sachte erwärmen und die Schokolade rühren, bis sie geschmolzen ist.

● Butter kann in der Mikrowelle oder im Topf und alternativ auch zusammen mit der Schokolade in der Mikrowelle oder im Topf bei schwacher Hitze geschmolzen werden. Eine andere Variante ist das Einbröseln der Schokostückchen in die zerlassene Butter, wobei dann gerührt werden muss, bis eine sämige Masse entstanden ist. Versuchen Sie sich an den verschiedenen Techniken, bis Sie die passende gefunden haben – und verwenden Sie am besten immer richtige Butter, weil der Kuchen damit einfach besser gelingt als mit Margarine.

● Die Eier für einen Schokokuchen müssen nicht mit dem Rührbesen schaumig geschlagen werden, es reicht völlig, sie per Hand mit dem Zucker zu verrühren. Der Kuchen soll ja zusammensinken, die in den Teig eingerührte Luft ist also unnötig.

KLASSISCHER SCHOKOKUCHEN

Dies war der erste Schokokuchen meiner Bäckerlaufbahn. Es muss Liebe auf den ersten Blick gewesen sein. Den Begriff „Kalorien" kannte ich damals wohl noch nicht, sonst wäre nicht zu erklären, warum ich gemeinsam mit zwei Freundinnen einige Abende hintereinander jeweils einen ganzen Kuchen verspeiste. Dieser Kuchen verzeiht kleine Fehler in der Zubereitung, er ist also auch für Anfänger geeignet.

100 g Butter
2 Eier
250 g Zucker
150 g Weizenmehl
4 EL Kakao
1 ½ TL Vanillezucker
1 Prise Salz

1. Eine Springform (22 cm Durchmesser) fetten und mit Bröseln bestreuen.
2. Die Butter auf kleiner Flamme zerlassen.
3. Die Eier mit dem Zucker verrühren, die Butter hinzufügen.
4. Mehl, Kakao, Vanillezucker und Salz vermischen, anschließend mit der Eimasse verrühren, dabei vorsichtig eventuelle Klümpchen auflösen.
5. Den Teig in die Form geben und auf der mittleren Schiene bei 200 °C ca. 15-20 Minuten backen. Die Backzeit ist abhängig vom gewünschten „Klebrigkeitsgrad".

SCHOKOKUCHEN „GRANDE"

Ich mag diesen Kuchen besonders gern, wenn er ein bisschen höher ist als üblich.

150 g Butter
3 Eier
250 g Zucker
210 g Weizenmehl
60 g Kakao
1 EL Vanillezucker
1 Prise Salz

1. Den Boden einer Springform (22 cm Durchmesser) mit Backpapier belegen.
2. Die Butter zerlassen.
3. Eier und Zucker leicht verrühren, die Butter unterheben.
4. Mehl, Kakao, Vanillezucker und Salz vermischen und in die Eimasse einrühren.
5. Den Teig in die Form geben und auf der unteren Schiene etwa 12 Minuten bei 200 °C backen. Den Kuchen aus der Form lösen und entweder sofort mit Eis oder Schlagsahne genießen oder bei Zimmertemperatur oder im Kühlschrank aufbewahren.

GLUTENFREIER SCHOKOKUCHEN

Darf es ein glutenfreier Schokokuchen sein, ohne dafür spezielles Mehl kaufen zu müssen? Die Zutaten finden sich in fast jeder Speisekammer. Sie können zum Beispiel mit geriebener Apfelschale und Minze abschmecken oder die Milch durch starken Kaffee ersetzen.

75 g Butter
3 Eier
170 g Zucker
45 g Kakao
110 g Kartoffelmehl
2 TL Backpulver
2 TL Vanillezucker
100 ml Milch
Kokosflocken für die Form
evtl. essbare Blüten, z. B. Pelargonien, Flieder, Tausendschön

1. Den Boden einer Springform (22 cm Durchmesser) fetten und mit Kokosflocken bestreuen.
2. Die Butter zerlassen.
3. Eier und Zucker verrühren.
4. Kakao, Kartoffelmehl, Backpulver und Vanillezucker vermischen und zusammen mit der Milch und der Butter in die Eimasse einrühren. Das Ganze zu einem lockeren Teig verarbeiten.
5. Den Teig in die Form geben und auf der unteren Schiene etwa 25 Minuten bei 175 °C backen. Den Kuchen aus dem Ofen nehmen, abkühlen lassen und aus der Form nehmen. Eventuell mit essbaren Blumenblüten dekorieren.

Tipp!

Weitere glutenfreie Rezepte:
Lieblingskuchen, Seite 12
Gâteau Lawrence, Seite 31
Madeirakuchen mit Pflaumen, Seite 34
Schokoterrine, Seite 45

LIEBLINGSKUCHEN

Für meinen Vater Gunnar stellt das Essen lediglich die notwendige Nahrungsaufnahme dar. Wenn ich ihn frage, was er wirklich gerne ist, dann nennt er die schwedische Falukorv (Fleischwurst) und diesen Kuchen. Das sagt etwas über dessen weiche, füllige Konsistenz und den intensiven Geschmack. Gunnar hat in den letzten 15 Jahren fast täglich ein großes Stück des Lieblingskuchens gegessen und dabei nicht zugenommen. Und er hat noch weitere Vorteile: Er ist glutenfrei, leicht herzustellen und muss noch nicht einmal in den Ofen!

BODEN
250 g Mandelmasse oder:
    150 g gemahlene Mandeln
    60 g Zucker
    60 g Puderzucker
    etwas Wasser, Milch oder
    Sahne

FÜLLUNG
125 g Butter
300 ml Sahne
250 g dunkle Schokolade
250 g Milchschokolade
2 EL Rum

1. Das Mandelmehl, den Zucker und den Puderzucker mischen und mit etwas Flüssigkeit zu einer zähen, klebrigen Masse verarbeiten.
2. Die Mandelmasse zwischen zwei Stücken Frischhaltefolie ausrollen. Auf den Boden einer Springform (22 cm Durchmesser) andrücken, der Rand der Springform muss nicht bedeckt werden.
3. Für die Füllung die Butter bei schwacher Hitze zerlassen. Die Sahne hinzugeben, aufkochen lassen und vom Herd nehmen.
4. Die Schokolade in die Sahne-Butter-Mischung bröseln und schmelzen lassen. Umrühren, bis ein gleichmäßiger Teig entstanden ist, dann den Rum hinzufügen.
4. Den Teig in die Form geben und vor dem Verzehr mindestens 4 Stunden kalt stellen. Den Kuchen mit einem Messer vom Rand der Springform lösen.

ERDNUSS-SCHOKO-KUCHEN

Manche meiner Freunde glauben, ich würde als Konditorin nichts Süßes aus anderen Geschäften essen. Aber das stimmt nicht, ich bin ganz versessen auf Süßes! Ich liebe Schokolade, aber ich versuche auch, meine Favoriten selbst nachzumachen. Mit diesem Rezept habe ich versucht, Snickers zu kopieren. Dazu verwende ich gesalzene Erdnüsse, weil ich die Kombination „salzige Nuss, süße Schokolade" sehr ansprechend finde. Aber das ist Geschmackssache, Sie können auch ungesalzene Erdnüsse verwenden.

KUCHEN
150 g Butter
170 g Zucker
3 Eier
210 g Weizenmehl
60 g Kakao
1 Päckchen mit weichem Karamell
    gefüllte Schokobonbons
    (ca. 78 g)

BELAG
200 g dunkle Schokolade
130 g Erdnüsse

1. Eine Springform (22 cm Durchmesser) fetten.
2. Die Butter in der Mikrowelle oder im Topf zerlassen.
3. Zucker und Eier leicht verrühren.
4. Mehl und Kakao vermischen und mit der Butter unter die Eimasse heben.
5. Den Teig in die Form geben, die karamellgefüllten Schokobonbons in den Teig eindrücken und auf der mittleren Schiene etwa 10–12 Minuten bei 200 °C backen. Abkühlen lassen und die Springform lösen.
6. Für den Belag die Schokolade im Wasserbad oder in der Mikrowelle schmelzen, die Nüsse einrühren und die Masse auf dem Kuchen verstreichen. Im Kühlschrank fest werden lassen.

SCHOKOKUCHEN MIT DAIMSAHNE

Ein Kuchen mit einem Belag aus Daim und Schlagsahne schmeckt himmlisch gut! Er sollte am Vortag gebacken, über Nacht kühl gestellt und kurz vor dem Verzehr mit der Sahnemischung bestrichen werden.

KUCHEN
200 g Butter
200 g dunkle Schokolade
4 Eier
170 g Zucker
150 g Weizenmehl
1 Prise Salz

BELAG
250 ml Sahne
1 ½ EL Kakao
1 ½ EL Puderzucker
2 Packungen Daim (à 56 g)

1. Eine Springform (22 cm Durchmesser) fetten.
2. Die Butter in der Mikrowelle oder im Topf zerlassen. Die Schokolade in kleine Stücke brechen und vorsichtig schmelzen. Zu einer gleichmäßigen Masse verrühren und abkühlen lassen.
3. Zucker und Eier leicht verrühren und unter die Schokoladenmasse heben.
4. Mehl und Salz vermischen und gut in den Teig einarbeiten. Die Masse in die Springform geben und auf der unteren Schiene etwa 14-15 Minuten bei 200 °C backen. Ganz abkühlen lassen, am besten über Nacht in den Kühlschrank stellen.
5. Den Kuchen aus der Form lösen. Die Sahne mit dem Kakao und dem Puderzucker fluffig, aber nicht zu steif schlagen. Etwa zwei Drittel der in kleine Stücke gebrochenen Daimriegel in die Sahnemasse geben und verrühren, dann auf dem Kuchen verstreichen. Zum Schluss den Kuchen mit den restlichen Daimstückchen verzieren.

SCHOKO-LAKRITZ-KUCHEN

Lakritz ist nicht jedermanns Sache, ein derartiges Kuchenrezept soll in diesem Buch aber nicht fehlen. Meine zuverlässigen Testesser finden ihn sehr gut und er schmeckt selbst mir, die ich Lakritz eigentlich nicht mag. Die Lakritzmenge können Sie natürlich je nach Geschmack variieren. Wenn der Kuchen am gleichen Tag verzehrt wird, sollte er ein wenig länger als im Rezept angegeben ausgebacken werden, da er sonst sehr, sehr klebrig ist.

200 g dunkle Schokolade
200 g zimmerwarme Butter
4 Eier
170 g Zucker
150 g Weizenmehl
1 Prise Salz
6–8 Lakritzschnecken (à ca. 19 g)

1. Eine Springform (22 cm Durchmesser) fetten.
2. Die Butter in der Mikrowelle oder im Topf zerlassen. Die Schokolade in kleine Stücke brechen und vorsichtig schmelzen. Zu einer gleichmäßigen Masse verrühren und abkühlen lassen.
3. Zucker und Eier leicht verrühren und unter die Schokoladenmasse heben.
4. Mehl und Salz vermischen, gut in die Schokoladenmasse einarbeiten und alles zu einem gleichmäßigen Teig verrühren.
5. Die Lakritzschnecken fein hacken und in den Teig einrühren.
6. Den Teig in die Form geben und auf der unteren Schiene etwa 15 Minuten bei 200 °C backen. Ganz abkühlen lassen, am besten über Nacht in den Kühlschrank stellen.

BROWNIES

Ein supersaftiger Brownie, der klebrig ist aber nicht zu schwer! Das Rezept habe ich von dem britischen Kochbuchautor Nigel Slater übernommen. Das Rezept an sich ist wunderbar, kann aber nach Belieben mit Nüssen, Marshmallows, getrockneten Früchten oder Kräutern verfeinert werden.

Für 12 große Brownies

250 g dunkle Schokolade,
   70 % Kakaoanteil
250 g zimmerwarme Butter
180 g Rohzucker
3 Eier
1 Eigelb
60 g Weizenmehl
60 g Kakao
½ TL Backpulver
1 Prise Salz

1. Eine etwa 20 x 26 cm große Backform mit Backpapier auslegen oder fetten.
2. 200 g der Schokolade vorsichtig im Wasserbad oder der Mikrowelle schmelzen und leicht abkühlen lassen. Die restliche Schokolade grob hacken.
3. Den Rohzucker mit der zimmerwarmen Butter mit dem Handrührgerät schaumig schlagen. Die Eier und das Eigelb unter ständigem Rühren nach und nach hinzugeben.
4. Die geschmolzene Schokolade unterheben.
5. Mehl, Kakao, Backpulver und Salz vermischen und in die Masse sieben. Vorsichtig zu einem Teig verarbeiten und zuletzt die gehackten Schokostücke unterheben.
6. Den Teig in die Form geben und ausstreichen. Auf mittlerer Schiene etwa 30 Minuten bei 175 °C backen. Mit einem Holzstäbchen den Teig testen, er sollte aufgegangen und nicht mehr flüssig, aber auch nicht ganz durchgebacken sein.
7. Den Kuchen abkühlen lassen und dann in kleine Stücke schneiden, da er sehr mächtig ist.

FLAPJACKS

Flapjacks sind klassische britische Haferkekse, ich habe sie allerdings mit Schokolade aufgewertet und mit Erdbeermarmelade etwas saftiger gemacht.

Für etwa 15 Stück

150 g dunkle Schokolade
150 g Butter
250-280 g Haferflocken
1 Prise Salz
40-50 g Zucker
70 g heller Sirup
1 Ei
ca. 150 g Erdbeermarmelade

1. Eine etwa 16 x 24 cm große Backform mit Backpapier auslegen.
2. Die Schokolade in kleine Stücke brechen und vorsichtig mit der Butter in der Mikrowelle oder im Topf schmelzen.
3. Nach und nach alle Zutaten - außer der Erdbeermarmelade - mit der Schokoladenmasse verrühren.
4. Die Hälfte des Teigs in die Ofenform geben, mit der Marmelade bestreichen und den restlichen Teig darüber geben.
5. Den Teig glattstreichen und auf der unteren Schiene etwa 20 Minuten bei 200 °C backen. Den Kuchen abkühlen lassen, aus der Form nehmen und in Stücke schneiden.

NUSS-KARAMELL-STÜCKE

HIMMLISCH LECKER!

Für etwa 16 Stück

SCHOKOLADENBODEN
100 g Butter
2 Eier
170 g Zucker
90 g Weizenmehl
4 EL Kakao
1 Prise Salz

KARAMELLFÜLLUNG
150 g Haselnüsse
2 Dosen gesüßte Kondensmilch
   (à 395 g)
50 g Butter
2 EL heller Sirup

BELAG
200 g dunkle Schokolade

1. Beginnen Sie mit dem Boden: Eine etwa 20 x 30 cm große Backform mit Backpapier auslegen. Die Butter zerlassen und abkühlen lassen. Eier und Zucker leicht verrühren, dann die Butter einrühren.

2. Mehl, Kakao und Salz vermischen und in die Eimasse einarbeiten. Den Teig in die Form geben und auf der unteren Schiene 8–10 Minuten bei 200 °C backen. Der Boden sollte noch ein bisschen klebrig sein. Abkühlen lassen.

3. Die Nüsse auf ein Backblech geben und auf der mittleren Schiene bei 225 °C goldbraun rösten. Das dauert etwa 10 Minuten, dabei mehrmals umrühren. Die Nüsse abkühlen lassen, dann schälen.

4. Die Kondensmilch, die Butter und den Sirup in einen großen Topf mit dickem Boden geben. Aufkochen lassen, dann bei schwacher Hitze unter ständigem Rühren köcheln lassen, bis die Crème eindickt, goldbraun wird und sich vom Topfboden löst. Damit das nicht so langweilig ist, können Sie nebenbei telefonieren oder ein Hörbuch genießen. Falls die Masse doch ein bisschen anbrennt, ist das nicht weiter schlimm.

5. Die Nüsse in die Masse geben und die Füllung anschließend gleichmäßig auf dem Kuchenboden verteilen.

6. Für den Belag die Schokolade vorsichtig in der Mikrowelle oder dem Wasserbad schmelzen, dann auf der Karamellfüllung verstreichen. Im Kühlschrank aushärten lassen. Den Kuchen aus der Form nehmen und in Stücke schneiden. Kann im Kühlschrank aufbewahrt werden.

TROCKENE SCHOKOECKEN

Herrliche Schokostücke mit knackiger Oberfläche. Wir haben es immer wieder geschafft, auf die Feste derjenigen eingeladen zu werden, die im Besitz dieses Rezeptes waren ...!

100 g Butter
2 Eier
250 g Zucker
90 g Weizenmehl
4 EL Kakao
1 ½ TL Vanillezucker
2 TL Backpulver

1. Eine 20 x 25 cm große Backform fetten und mit Bröseln bestreuen.
2. Butter bei schwacher Hitze zerlassen.
3. Eier und Zucker schaumig schlagen, dann die Butter unterheben.
4. Mehl, Kakao, Vanillezucker und Backpulver vermischen.
5. Die Mischung vorsichtig in die Eimasse einrühren. Den Teig in die Form geben und auf der mittleren Schiene 35 Minuten bei 150 °C backen.

SCHOKOTARTE

Im Innern dieser geschmacksintensiven Tarte schlummert eine luftige Mousse-au-cho-colat-ähnliche Füllung mit mildem Kaffeearoma. Ein imposantes Dessert nach einem gelungenen Dinner – aber auch für sich allein eine Offenbarung.

TARTE
120 g Weizenmehl
60 g Puderzucker
100 g Butter
1 Eigelb
evtl. 1 EL kaltes Wasser

FÜLLUNG
175 g dunkle Schokolade
3 EL starker Kaffee
2 Eigelb
2 Eiweiß
100 ml Sahne

Tarte:
1. Mehl und Puderzucker vermischen. Die kalte Butter stückchenweise zugeben und mit den Fingerspitzen verteilen. Dann zügig das Eigelb und eventuell das Wasser einarbeiten. Alternativ die genannten Zutaten mit der Küchenmaschine verkneten.
2. Den Teig in eine Tarteform mit abnehmbarem Rand (27 cm Durchmesser) geben und mit einer Gabel einstechen. 30 Minuten kalt stellen, so behält er besser die Form.
3. Den Teig auf der unteren Schiene 10 Minuten bei 200 °C backen, bis er Farbe annimmt. Abkühlen lassen und – falls möglich – den Rand der Backform entfernen.

Füllung:
1. Die Schokolade in Stücke brechen und im Wasserbad schmelzen. Kurz abkühlen lassen, dann den Kaffee unterrühren und weiter ab-kühlen lassen.
2. Das Eigelb zugeben, wenn die Masse nicht mehr allzu warm ist. Wenn die Schokolade zu heiß ist, flockt der Teig aus!
3. Das Eiweiß steif schlagen, die Sahne locker schlagen. Zuerst die ge-schlagene Sahne unter die Schokoladenmasse heben, anschließend das Eiweiß.
4. Die Masse auf die Tarte geben und einige Stunden kalt stellen. Die Schokotarte schmeckt noch besser, wenn sie über Nacht steht!

GÂTEAU LAWRENCE

Joanne Harris, die das Drehbuch zum Film „Chocolat" entwarf, hat auch einige richtig gute Kochbücher geschrieben. Das Rezept für diesen wunderbar saftigen und dekadenten Kuchen habe ich ihrem Buch „Die französische Küche" entliehen. Die Mandeln verleihen dem Kuchen Biss und ersetzen das Mehl, sodass der Kuchen glutenfrei ist. Genießen Sie ihn beim Lesen eines ihrer Bücher!

KUCHEN

180 g dunkle Schokolade,
    70 % Kakaoanteil
200 g gemahlene Mandeln
175 g zimmerwarme Butter
90 g Rohzucker
4 getrennte Eier

GLASUR

ca. 100 g Aprikosenmarmelade

1. Eine Springform (22 cm Durchmesser) mit Backpapier belegen.
2. Die Schokolade vorsichtig in der Mikrowelle oder im Wasserbad schmelzen.
3. Butter und Zucker mit dem Rührgerät verrühren, dann das Eigelb hinzufügen und die gemahlenen Mandeln und die Schokolade unterrühren.
4. Das Eiweiß steif schlagen und in den Teig einarbeiten. Den Teig in die Form geben und auf der mittleren Schiene etwa 35 Minuten bei 150 °C backen. Der Kuchen soll fest, aber auch noch saftig und klebrig sein. Abkühlen lassen.
6. Die Aprikosenmarmelade langsam in der Mikrowelle oder im Topf erwärmen, dann auf den Kuchen streichen und fest werden lassen. Der Kuchen lässt sich problemlos bei Zimmertemperatur aufbewahren, anschließend sollte er aber in den Kühlschrank gestellt werden.

HIMBEER-SCHOKOTORTE

Von Schokolade und Himbeeren kann ich nicht genug bekommen. Die Glasur und der Tortenboden sollten schon am Vortag gemacht werden. Wenn Sie die Himbeeren dann zwischen die Bodenschichten legen, wird die Torte richtig saftig. Die Glasur und die Dekoration werden erst kurz vor dem Verzehr aufgetragen.

SCHOKOKUCHEN

200 g Butter
4 Eier
350 g Zucker
300 g Weizenmehl
75 g Kakao
1 EL Vanillezucker
1 Prise Salz

FÜLLUNG

200–250 g Himbeeren, frisch
    oder aufgetaute TK-Ware

GLASUR

250 g dunkle Schokolade
250 ml Sahne
1 EL Honig
25 g zimmerwarme Butter
evtl. frische Himbeeren für die
    Dekoration

Boden:

1. Die Böden zweier Springformen (22 cm Durchmesser) mit Backpapier belegen, die Ränder der Backformen fetten.
2. Die Butter zerlassen, Zucker und Eier leicht verrühren, dann die Butter hinzugeben.
3. Mehl, Kakao, Vanillezucker und Salz vermischen und unter die Eimasse heben, dann den Teig auf die beiden Böden geben und gleichmäßig ausstreichen.
4. Die Kuchenböden auf der unteren Schiene 10-15 Minuten bei 200 °C backen, sie müssen noch klebrig sein. Abkühlen lassen und die Form lösen.
5. Die Himbeeren auf einem Tortenboden verteilen, dann den anderen Boden darauflegen und über Nacht stehen lassen.

Glasur:

1. Die Schokolade fein hacken.
2. Die Sahne mit dem Honig aufkochen, den Topf vom Herd nehmen und die Schokolade schnell in das Honig-Sahne-Gemisch einrühren. So lange rühren, bis die Schokolade geschmolzen ist.
3. Die Butter stückchenweise hinzufügen und zu einem glatten Teig verrühren. Die Glasur dann über Nacht bei Zimmertemperatur aushärten lassen und am nächsten Tag auf die Torte und deren Ränder aufstreichen und eventuell mit Himbeeren verzieren.

MADEIRA-KUCHEN MIT PFLAUMEN

Schon als Kind habe ich das Pflaumen-Madeira-Konfekt von Anthon Berg geliebt, hier nun mein Versuch, es in Kuchenform umzuwandeln. Die saftige Konsistenz und der fruchtige Geschmack kommen dem Original sehr nahe.

FÜLLUNG
400 g Pflaumen
50 g Zucker
50 ml Wasser
3 EL Madeira

BODEN
300 g Mandelmasse oder:
    170 g gemahlene Mandeln
    70 g Zucker
    70 g Puderzucker
    etwas Wasser, Milch oder
    Sahne
3 Eier
1–2 EL Madeira

GLASUR
150 g dunkle Schokolade
1 EL Öl

Füllung:
1. Die Pflaumen entkernen, schälen und in kleinere Stücke schneiden. Mit dem Zucker und dem Wasser in einen Topf geben.
2. Bei schwacher Hitze köcheln lassen, bis die Masse eindickt, das dauert etwa 45 Minuten. Ab und zu umrühren, damit eine gleichmäßig sämige Sauce entsteht.
3. Die Sauce vom Herd nehmen, abkühlen lassen und erst dann den Madeira zugeben.

Boden:
1. Eine Springform (22 cm Durchmesser) fetten und mit Bröseln bestreuen.
2. Für die Mandelmasse das Mandelmehl, den Zucker und den Puderzucker mischen und mit etwas Flüssigkeit zu einer zähen, klebrigen Masse verarbeiten.
3. Ein Ei nach dem anderen hinzufügen, zu einem gleichmäßigen Teig verrühren und in die Backform geben.
4. Auf der mittleren Schiene etwa 25 Minuten bei 175 °C ausbacken, abkühlen lassen und dann mit 1–2 EL Madeira beträufeln.
5. Kurz einziehen lassen und dann die Füllung auf dem Kuchen verteilen. Zum Herunterkühlen in den Kühlschrank geben.

Glasur:
1. Die Schokolade in Stücke brechen und im Wasserbad schmelzen. Anschließend das Öl zugeben und gut verrühren.
2. Die Schokomasse auf dem Kuchen verstreichen, dann kalt stellen.

SCHOKOKUCHEN MIT WALNÜSSEN UND FEIGEN

Ein bisschen wie Kalter Hund kommt dieser schwere Kuchen mit knusprigem Keks, Walnüssen und weichen Feigen daher. Er muss nicht einmal gebacken werden, die Zutaten werden verrührt und im Kühlschrank ausgehärtet. Der Kuchen ist recht mächtig, sollte also in eher kleine Stücke geschnitten werden.

150 g Butter
70 g heller Sirup
200 g dunkle Schokolade
175 g Vollkornkekse (ca. 12 Stück)
200 g getrocknete, saftige Feigen
100 g Walnüsse

1. Eine runde Backform (20 cm Durchmesser) mit Backpapier auslegen.
2. Die Butter zusammen mit dem Sirup und der in kleine Stücke gehackten Schokolade in der Mikrowelle oder im Topf schmelzen.
3. Die Kekse zerbrechen, die Feigen grob hacken und mit den Walnüssen in die Schokoladenmasse einrühren, bis sie vollständig überzogen sind.
4. Die Masse in die Backform geben und glatt streichen. Abkühlen lassen und mindestens 2–3 Stunden in den Kühlschrank stellen.

Tipp!

Die Kekse, Walnüsse und Feigen können beliebig ersetzt werden, z. B. durch Schokocookies, Haselnüsse und Aprikosen oder zu Weihnachten auch durch Pfefferkuchen, Pekannüsse und Rosinen.

SCHOKO-KARAMELL-TARTE

Eine Tarte für eingefleischte Kuchenliebhaber – mit weichem Rand und doppelter Füllung aus cremigem Karamell und dunklen Schokotrüffeln.

TEIG

180 g Weizenmehl
150 g kalte Butter
2 EL Puderzucker
3 EL Kakao
1 Prise Salz
1 Eigelb

KARAMELL

100 ml Sahne
70 g heller Sirup
40 g Zucker
75 g Butter

SCHOKOTRÜFFEL

250 g dunkle Schokolade
50 g Butter
150 ml Sahne
2 EL Rum oder Kognak

Teig:

1. Das Mehl in eine Schüssel geben. Die kalte Butter stückchenweise hinzufügen und verkneten.
2. Die restlichen Zutaten hinzufügen und mit der Hand oder der Küchenmaschine zu einem glatten Teig verarbeiten.
3. Den Teig in eine Tarteform mit abnehmbarem Rand (24 cm Durchmesser) geben, andrücken und gut 30 Minuten in den Kühlschrank stellen.
4. Den Teig mit einer Gabel einstechen und auf der unteren Schiene etwa 10 Minuten bei 200 °C ausbacken. Abkühlen lassen.

Karamell:

1. Sahne, Sirup, Zucker und Butter in einem Topf bei mittlerer Hitze aufkochen und hin und wieder umrühren. Die Karamellmasse ist fertig, wenn sie goldgelb wird und eingedickt ist.
2. Die Karamellmasse auf den Teig geben.

Schokotrüffel:

1. Die Schokolade fein hacken. Die Butter in einem Topf zerlassen und die Sahne hinzugeben. Aufkochen lassen und vom Herd nehmen, die Schokolade zügig einrühren, bis sie geschmolzen ist.
2. Den Rum oder den Kognak hinzufügen und die Masse zu einem gleichmäßigen Teig verrühren. Die Trüffelmasse auf der Karamellmasse verteilen und abkühlen lassen.
3. Den Kuchen mindestens 4 Stunden in den Kühlschrank stellen. Eine Stunde vor dem Verzehr aus dem Kühlschrank nehmen.

SCHOKO-MINZ-KUCHEN

Ein flacher und herrlich bissiger Kuchen mit intensivem Minzaroma. Je länger er steht, desto besser schmeckt er!

100 g Butter
100 g Schoko-Minz-Plätzchen,
   z. B. After Eight
2 Eier
170 g Zucker
150 g Weizenmehl
2 ½ EL Kakao

GLASUR
150 g Schoko-Minz-Plätzchen,
   z. B. After Eight

1. Eine Springform (22 cm Durchmesser) fetten und mit Bröseln bestreuen.
2. Die Butter bei schwacher Hitze im Topf zerlassen, vom Herd nehmen und die Schoko-Minz-Plätzchen hineinbröseln. Schmelzen lassen und zu einem glatten Teig verrühren.
3. Eier und Zucker schaumig rühren, dann die Schokomasse sorgfältig unterrühren.
4. Mehl und Kakao vermischen und in den Teig einarbeiten, dann den Teig in die Kuchenform geben und auf der mittleren Schiene 18 Minuten bei 175 °C ausbacken.
5. Den Kuchen aus dem Ofen nehmen und mit den Schoko-Minz-Plätzchen belegen. Einige Minuten stehen lassen, bis die Plätzchen geschmolzen sind und verstrichen werden können.
6. Den Kuchen abkühlen lassen, dann den Rand der Kuchenform abnehmen. Kühl aufbewahren.

MILCHSCHOKOKUCHEN MIT MANDELCRISP

Der Kuchen sollte in kleinen Stücken serviert werden, weil er mit seiner herrlichen Mandelcrisp-Füllung richtig süß ist.

MANDELCRISP
65 g süße Mandeln
40 g Zucker

BODEN
250 g Mandelmasse oder:
    150 g gemahlene Mandeln
    60 g Zucker
    60 g Puderzucker
    etwas Wasser, Milch oder
    Sahne
1 EL Kakao

FÜLLUNG
400 g Milchschokolade
ca. 200 g Jogurt, natur

Mandelcrisp:
1. Die Mandeln grob hacken und mit dem Zucker in einen Topf oder eine große Pfanne geben.
2. Den Zucker bei großer Hitze unter ständigem Rühren schmelzen lassen. Die Hitze reduzieren, bis die Mandeln Farbe annehmen und ein herrlicher Röstduft entsteht.
3. Die Masse auf ein Schneidebrett geben und abkühlen lassen, dann fein hacken.

Boden:
1. Für die Mandelmasse das Mandelmehl, den Zucker und den Puderzucker mischen und mit etwas Flüssigkeit zu einer zähen, klebrigen Masse verarbeiten. Dann den Kakao einkneten.
2. Den Teig ausrollen und auf dem Boden einer Springform (22 cm Durchmesser) auslegen, er darf den Rand der Form nicht bedecken.

Füllung:
1. Die Schokolade in Stücke brechen und im Wasserbad schmelzen. Abkühlen lassen, dann den Jogurt unterrühren.
2. Die Mandelcrisp einrühren, zu einem Teig verarbeiten und in die Backform geben. Einige Stunden in den Kühlschrank stellen.

SCHOKOTERRINE

Eine Schokoterrine ist schnell und einfach gemacht – und in kleine Stücke geschnitten eine himmlische Versuchung zum Kaffee oder als Dessert, mit Beeren, Früchten oder Nüssen.

Für etwa 8 Portionen

250 g dunkle Schokolade
300 ml Sahne
70 g heller Sirup oder Honig
25 Butter
evtl. Herzkirschen

1. Eine möglichst hohe Kastenform mit Frischhaltefolie auskleiden.
2. Die Schokolade fein hacken, die Sahne mit dem Sirup und der Butter aufkochen. Vom Herd nehmen, die Schokolade hinzugeben und so lange verrühren, bis sie geschmolzen und die Masse sämig und glatt ist.
3. Den Teig in die Kastenform geben und abkühlen lassen. Am besten über Nacht in den Kühlschrank stellen.
4. Die Terrine aus der Form nehmen und in Stücke schneiden. Das geht am besten, wenn man das Messer nach jedem Stück mit heißem Wasser abwäscht und abtrocknet! Die Terrine ist sehr klebrig und schwer zu schneiden, aber das soll sie ja auch sein. Die Stücke auf Teller geben und mit den Herzkirschen verzieren.

SCHOKOVULKAN

Schokokuchen, dessen warmes Inneres wie Lava ausströmt, ist ein traumhaftes Dessert. Die Backzeit ist hier für die richtige Konsistenz absolut entscheidend. Da sie von Backofen zu Backofen variieren kann, müssen Sie sich evtl. ein wenig herantasten. Der Kuchenrand sollte so hart sein, dass die Törtchen ohne zu zerbrechen aus der Backform gelöst werden können. Zu trocken sollte er aber auch nicht sein. Falls Sie Angst haben, die Küchlein könnten beim Herausnehmen zerbrechen, können Sie alternativ auch Einweg-Backformen verwenden, die einfach aufgerissen oder aufgeschnitten werden. Die Vulkane können am Vortag vorbereitet und ungebacken im Kühlschrank gelagert werden. Die Backzeit verlängert sich dann um 2–3 Minuten.

Für etwa 6 Portionen

125 g Butter
200 g dunkle Schokolade,
    70 % Kakaoanteil
2 Eier
2 Eigelb
60 g Zucker
30 g Weizenmehl
evtl. Beeren, Eis, Schlagsahne,
    essbare Blüten etc.

1. Sechs kleine Backformen fetten und sparsam mit etwas Zucker bestreuen.
2. Die Butter und Schokolade langsam in der Mikrowelle oder auf dem Herd schmelzen.
3. Die Eier, das Eigelb und den Zucker schaumig aufschlagen, dann die Schokolade mit einem Teigschaber unterheben, das Mehl einsieben und alles vorsichtig zu einem gleichmäßigen Teig verrühren.
4. Den Teig in die Formen geben und auf der unteren Schiene etwa 14 Minuten bei 175 °C backen. Die Küchlein sollten im Innern noch zähflüssig sein. Wenn sie zu früh aus dem Ofen genommen werden, ist es schwer, sie aus den Formen zu lösen. Sie sind fertig, wenn sie aufgegangen sind und ein wenig über den Rand der Backformen stehen.
5. Aus dem Ofen nehmen und auf Teller stürzen. Warten Sie 3–4 Minuten und heben dann die Backformen ab. Falls sie sich nicht aus der Form lösen, kann man mit einem Messer an den Rändern entlang schneiden und die Kuchen vorsichtig herausheben. Sofort mit Beeren, Eis und Schlagsahne servieren.

WEISSE SCHOKOMUFFINS

Die Himbeeren und Zitronen erhöhen die Süße der weißen Schokolade und machen das Gebäck herrlich süß-säuerlich. Ob frische oder tiefgekühlte Himbeeren, macht keinen Unterschied. Die TK-Beeren müssen nicht einmal aufgetaut werden.

Für etwa 12 Stück

100 g Butter
150 g weiße Schokolade
2 Eier
85 g Zucker
geriebene Schale einer Zitrone
90 g Weizenmehl
1 Prise Salz
ca. 100 g Himbeeren

1. Die Butter in einem Topf zerlassen, vom Herd nehmen und die in kleine Stücke zerbrochene Schokolade hinzufügen und so lange rühren, bis sie geschmolzen ist.
2. Die Eier mit dem Zucker und der geriebenen Zitronenschale verrühren. Die Schokomasse unter die Eimasse heben, anschließend das mit dem Salz vermischte Mehl zugeben. Zu einem gleichmäßigen Teig verrühren und in die Muffinformen geben.
3. In jeden Muffin einige Himbeeren eindrücken und etwa 12 Minuten bei 200 °C backen. Anschließend abkühlen lassen.

PRALINEN-MUFFINS

Diese Muffins sind wie große cremige Pralinen – ein bisschen zäh und herrlich bissfest. Sie werden mit flüssiger Füllung serviert und wirken deshalb nicht so mächtig. Perfekt, wenn Sie Heißhunger auf Schokolade haben!

Für 14 Stück

MUFFINS
100 g Butter
2 Eier
210 g Zucker
90 g Weizenmehl
4 EL Kakao
1 TL Vanillezucker
1 Prise Salz

FÜLLUNG
50 g Butter
1 ½ EL Weizenmehl
40 g Zucker
1 ½ EL Kakao
100 ml Milch
100 ml Sahne

Muffins:
1. Die Butter bei schwacher Hitze im Topf zerlassen.
2. Die Eier und den Zucker schaumig schlagen, dann die zerlassene Butter einrühren.
3. Das mit dem Kakao, Vanillezucker und Salz vermischte Mehl in die Eimasse einrühren. Den Teig in kleine Muffinformen geben.
4. Auf der mittleren Schiene etwa 15 Minuten bei 175 °C backen, danach abkühlen lassen.

Füllung:
1. Zuerst die Butter im Topf zerlassen.
2. Dann das Mehl, den Zucker und den Kakao in die Butter einrühren und zu einer gleichmäßigen Masse verarbeiten.
3. Die Milch und die Sahne hinzufügen und köcheln lassen, bis die Masse andickt, das dauert wenige Minuten.
4. Die Masse auf den Küchlein verteilen und abkühlen lassen. Im Kühlschrank aufbewahren und gute 20 Minuten vor dem Verzehr herausnehmen.

SCHOKOGEBÄCK MIT ERDBEEREN

Schokokuchen eignet sich besonders für Back-Neulinge wunderbar als Basis für sommerliches Gebäck. Backen Sie ruhig die doppelte Menge, denn das Gebäck lässt sich prima einfrieren und Sie sind für die nächste Gartenparty gewappnet.

Für etwa 12 Stück

GEBÄCK
100 g Butter
2 Eier
210 g Zucker
90 g Weizenmehl
30 g Kakao
1 ½ TL Vanillezucker
1 Prise Salz

FÜLLUNG UND DEKOR
1 Becher Vanillequark (250 g)
Frische Erdbeeren

1. Die Butter zerlassen. Die Eier mit dem Zucker leicht verrühren, dann die zerlassene Butter einrühren.
2. Die trockenen Zutaten vermischen und in die Eimasse einrühren.
3. Zu einem glatten Teig verrühren und in Muffinförmchen geben. Falls Sie Papierformen verwenden, nehmen Sie pro Muffin am besten 3 Stück, so werden sie stabiler.
4. Auf der mittleren Schiene knappe 15 Minuten bei 175 °C backen, dann abkühlen lassen. Die Muffins sinken evtl. recht tief ein, das macht aber nichts.
5. Auf jeden Muffin einen Kleks Vanillequark und eine in Scheiben geschnittene Erdbeere geben.

MANDELMUFFINS

Niedliches Gebäck mit knackiger Kruste, gefüllt mit getrockneten Rosinen und Mandeln. Die weich-bissfeste Konsistenz und ein Hauch von Salzigkeit erinnern an Karamell. Warm aus dem Ofen ein Gedicht!

Für etwa 18 Stück

125 g Butter
125 g dunkle Schokolade
2 Eier
170 g Zucker
90 g Weizenmehl
1 EL Vanillezucker
1 TL Salz
65 g süße Mandeln
60 g Rosinen

1. Die Butter bei schwacher Hitze in einem Topf zerlassen und die in kleine Stücke zerbrochene Schokolade hinzufügen. Vom Herd nehmen und so lange rühren, bis sie geschmolzen ist. Abkühlen lassen.
2. Die Eier und den Zucker schaumig verrühren.
3. Das Mehl mit dem Vanillezucker und dem Salz vermischen und unter die Eimasse heben.
4. Die Mandeln hacken und mit den Rosinen in den Teig geben und verrühren.
5. Zum Schluss die Schokomasse in den Teig einrühren und dann in Muffinförmchen geben. Auf der mittleren Schiene 15 Minuten bei 200 °C backen.

SCHOKO-BLAUBEER-TRIFLE

Das Himmelreich im Glas – so könnte man dieses Dessert bezeichnen. Der Schoko-kuchen punktet mit fluffiger Sahne, cremiger Schokomousse, süßen Blaubeeren und wird mit Schokotrüffeln verziert.

Für etwa 8 Portionen

SCHOKOKUCHEN
100 g Butter
2 Eier
250 g Zucker
90 g Weizenmehl
30 g Kakao
2 TL Vanillezucker

SCHOKOTRÜFFEL
200 g dunkle Schokolade
350 ml Sahne
1 EL Honig

SERVIEREN MIT
150 ml Schlagsahne
ca. 300 g Blaubeeren
50 ml Blaubeerlikör, alternativ
    Beeren- oder Fruchtlikör

1. Eine 18 x 24 cm große Backform mit Backpapier auslegen. Die Butter zerlassen, die Eier und den Zucker leicht verrühren. Das Mehl, den Kakao und den Vanillezucker vermischen und mit der Butter in die Eimasse einrühren. Den Teig in die Backform geben und auf der unteren Schiene etwa 20 Minuten bei 175 °C backen und abkühlen lassen.

2. Für die Trüffel die Schokolade grob hacken. 150 ml Sahne mit dem Honig in einem kleinen Topf aufkochen. Vom Herd nehmen, die Schokolade zügig hinzufügen und solange verrühren, bis die Trüffelmasse sämig ist. Die Masse in eine Schale füllen, mit Frischhaltefolie abdecken und bei Zimmertemperatur etwa 2 Stunden abkühlen lassen.

3. Die restliche Sahne nicht zu fest aufschlagen und 30 Minuten bei Zimmertemperatur stehen lassen. Die Schlagsahne wird später unter die Trüffelmasse gehoben und darf dann nicht zu kalt sein, sonst besteht die Gefahr, dass die Mousse stockt.

4. Stellen Sie etwa 50 g der Trüffelmasse für die spätere Verzierung zur Seite. Die geschlagene Sahne unter die restliche Masse heben und zu einer luftigen Mousse verrühren.

5. Den Schokokuchen in Stücke brechen, ein Drittel davon in eine Schale legen und mit ein wenig Likör beträufeln, dann den Boden mit einem Drittel der Blaubeeren belegen. Die Hälfte der Schokomousse und der locker aufgeschlagenen Schlagsahne darauf schichten. Dann das zweite Drittel der Schokokuchenstücke darauf geben, wieder mit Likör beträufeln und mit einem Drittel der Blaubeeren belegen. Die restliche Schokomousse und Sahne darauf schichten und mit dem restlichen Schokokuchen abdecken. Mit den letzten Blaubeeren belegen und die beiseite gestellte Trüffelmasse aufgetragen.

GEBACKENE SCHOKOMOUSSE

Schokomousse wird normalerweise als kaltes Dessert gereicht. Diese warme Variante ist aber auch sehr gut – und kann auch kalt gegessen werden.

175 g dunkle Schokolade
50 ml Sahne
3 Eier
1 Prise Salz
40 g Zucker
evtl. Schlagsahne oder Eis

1. Die Schokolade mit der Sahne in der Mikrowelle oder im Wasserbad schmelzen. Gut 30 Minuten abkühlen lassen. Es ist wichtig, dass die Schokolade beim Hinzufügen der anderen Zutaten nicht zu warm ist, weil die Mousse sonst stocken könnte.
2. Die Eier trennen, das Eiweiß mit dem Salz in einer sauberen und trockenen Edelstahlschüssel steif schlagen.
3. Den Zucker hinzufügen und zu einem recht harten Schaum schlagen.
4. Das Eigelb verrühren und unter die geschmolzene, abgekühlte Schokomasse mischen. Vorsichtig den Eischnee unterheben und zu einer luftigen Mousse verrühren.
5. Die Mousse in eine ofenfeste Form geben und auf der unteren Schiene etwa 12 Minuten bei 175 °C backen. Die Mousse sollte relativ fest, aber noch klebrig sein.
6. Abkühlen lassen oder warm mit leicht geschlagener Sahne und Eis servieren. Die Mousse hält sich im Kühlschrank mehrere Tage und schmeckt auch kalt sehr gut.

SCHWEDISCHER SCHOKOBÄLLCHENKUCHEN

Eigentlich werden hier nur Schokobällchen zu einem Kuchen ausgerollt. Schmeckt genauso gut wie die Bällchen, hat aber den Vorteil, dass die Stücke größer sind.

KUCHEN
210 g Zucker
300-350 g Haferflocken
45 g Kakao
2 TL Vanillezucker
225 g zimmerwarme Butter
3-4 EL starker Kaffee

GLASUR
100 g dunkle Schokolade
20 g Kokosflocken

Kuchen:
1. Die trockenen Zutaten vermischen, die Butter stückchenweise hinzufügen. Zu einem dicken Teig verrühren, dann den Kaffee einkneten. Abschmecken und ganz nach Geschmack eventuell mehr Kakao und Kaffee einarbeiten.
2. Den Teig gleichmäßig auf dem Boden einer Springform (22 cm Durchmesser) auslegen und kalt stellen.

Glasur:
1. Die Schokolade in kleine Stücke brechen und in der Mikrowelle oder im Wasserbad schmelzen.
2. Den Rand der Springform lösen und die Schokolade auf den Kuchen geben. Mit Kokosflocken bestreuen und im Kühlschrank erstarren lassen und dann kalt servieren.